café la famille

茨城県結城市の静かな住宅街に佇む café la famille「カフェ・ラ・ファミーユ」。
famille はフランス語で‘家族’という意味。フランスの田舎町をイメージした趣のあるお店づくりと、
地場・近県の食材や、オーナー奥澤さんのご両親が庭の畑で作る新鮮な野菜を使用した美味しい料理で、
遠方から多くのお客さんが訪れる人気のカフェ。
スタッフ一同(家族)で、大切な友人をおもてなしする気持ちで営んでいる。

著者は、そんな café la famille の‘いちファン’。
ランチで季節のスープやガレット、カフェラテをゆっくり味わって、庭を散策。
来るたびに思う…。この素敵な雰囲気と美味しい料理を本にできないかなぁ…。
そしてあわよくば、この料理をお家でマネできないか…。という好奇心で、
オーナーの奥澤さんにダメもとでお願いしてみたら快くお受けいただきました。
famille の休日や営業時間の合間に、少しずつ料理を作ってもらいながら、一年かけて本にまとめました。
手に入れにくい食材があったり、仕込み用で多めに作ったり、その日の天候でさじ加減が少しずつ変わったり、
一般的なレシピ本と違い、調味料などの量はきちんと測ったものではありません。
なので、手に入らない食材は代替しながら、調味料の加減は雰囲気でマネしてみてくださいね。

天気のいい日は外で食べよう♪
上手にできたら太陽の下で気持ちいい風を感じながら食べてみてください。
陽の光と葉っぱの影のコントラストが料理をより一層美味しくしてくれますよ。

枝をくわえながらの愛犬ムーニーの走りも見てね。
それではごゆっくり♪

café la famille recipe

café la famille recipe

ファミーユの食材は地元農家さんや、
近県の契約業者さんから仕入れています。
野菜の多くはオーナー奥澤さんのご両親が庭の畑で作っています。
ファミーユがお休みのときには、
草むしりなど庭の手入れをするガーデンキーパー。
ファミーユの縁の下の力持ちです。

café la famille

カフェ・ラ・ファミーユのレシピ

recipe

Contents

10 ガレットの生地づくり。

12 ハムとチーズのガレット

16 ガレットコレクション

牡蠣のバターソテー　レモンクリームソースのガレット

スモークサーモン＆クリームチーズのガレット

鴨肉のロースト赤ワインソース　ほうれん草とチーズのロールガレット

自家製ベーコンのガレット　キャベツの白ワイン煮添え

ラングスティーヌ　トマトとレタスのサラダガレット

生ハムのサラダガレット

30 真鯛のポワレとにんじんのラペ

36 キッシュ・ロレーヌ

38 春を感じる。

アスパラと生ハムのスパゲッティ

豚ひき肉とレンコンのトマトソーススパゲッティ

桜えびと菜の花のペペロンチーノ

46 初夏の冷製と、気まぐれスパゲッティ

貝類とアスパラの冷製スパゲッティ

ゴルゴンゾーラのトマトクリームペンネ

きのこのクリームソーススパゲッティ

54　しっとりと降る雨の日は…。

ステーキフリット

鴨のロースト

鴨のローストサラダラタトゥイユ添え

64　季節の飲み物。

66　昼下がりのファミーユで

丸パン

豚肩肉と自家製ソーセージのシュークルート

72　秋晴れ。 お酒にぴったりのサラダ

ニース風サラダ
シーザーサラダ
リヨン風サラダ
パテの作り方。

82　季節感を大切に。

84　クリスマスにはとっておきの
チキン料理と、牡蠣のサバイヨン。

チキンディアブル風
骨付き鶏もも肉のコンフィ
牡蠣のサバイヨン

96　ワインと読書とフリカッセ

98　ファミーユのデザートと焼き菓子。

桃のタルト
ブルターニュ風クレープ
クレームブリュレ
ガレット・ブルトンヌ
ヌガーグラッセ
ブラン・マンジェ

116　奥付

café
la
famille
recipe

ガレットの生地づくり。

ファミーユのガレットは、そば粉の生産で有名な筑波近郊のそば粉を使っています。
日々味のバランスを保つため、いろいろな農家さんの粉をミックスしているみたいですが、
家庭で作るのであれば、道の駅などで売られているそば粉でOKだそうです。

＊材料
そば粉…250g
塩…4g
水…250ml
卵…2個
※ 生地はまとめて作ります。
　これで約10人分の生地が作れる。

※ ファミーユは「いなか粉200g」＋「黒粉50g」
　黒粉を入れることにより、
　焼いたときに深い色がでる。

そば粉を器に移して…。

卵を2個入れる。　　　少しずつまぜる。　　　ざっくりとまぜたら。

水を少しずつ加える。　　　　　　　　　　　　　　　　　重めの生地に仕上げ、表面に水をはって、
※ だいたい5回に分けて。　　　　　　　　　　　　　　冷蔵庫でひと晩ねかせる。
※ ご家庭ではラップでOK。

だんだん粘りがでてきた。　　残りの水を入れて。

ル・クルーゼのクレープパン。
ふだんはイベントで使っているそうですが
今回は特別にこれで焼いていただきました。
焼き目がいい感じになりますよ。

ひと晩ねかせた生地を
焼く前に水で少しのばす。

おたまから流して
下につながる感じにする。
固すぎず、ゆるすぎず。

11

シードルといっしょに

ハムとチーズのガレット

★材料
ガレット生地…適量
卵…1個
ハム…スライス3枚～4枚
エメンタールチーズと
グリュエールチーズのミックス…適量
オリーブオイル…適量
バター…適量 ※生地に塗る用
サラダ…適量
きゅうりのピクルス…お好みで
マイユマスタード…お好みで

※ファミーユは国産のオリジナルハムを
使用しています。しっとりとしていて
深みのある味わいです。

基本 **生地を焼く。** 卵の黄身と白身を分ける？

生地が美味しくなる
ポイント。

黄身をやさしくつまんで生地の上でぐるっと一周。さらに白身を手でのばしながら一周。生地に〝厚みとおいしさ〟をプラス。

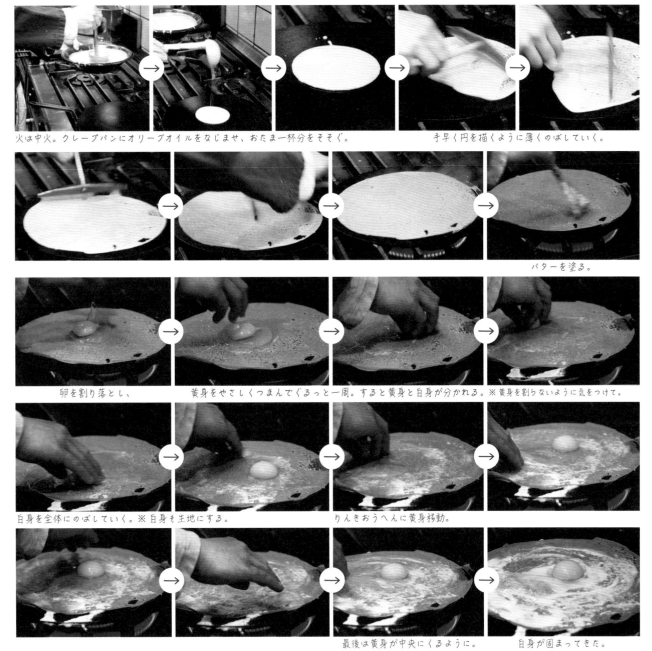

火は中火。クレープパンにオリーブオイルをなじませ、おたま一杯分をそそぐ。　　手早く円を描くように薄くのばしていく。

バターを塗る。

卵を割り落とし、　　黄身をやさしくつまんでぐるっと一周。すると黄身と白身が分かれる。※黄身を割らないように気をつけて。

白身を全体にのばしていく。※白身も生地にする。　　りんきおうへんに黄身移動。

最後は黄身が中央にくるように。　　白身が固まってきた。

13

チーズとハムをのせる。

生地が焼けるまで時間があるので、あわてずゆっくりていねいに仕上げていきましょう。

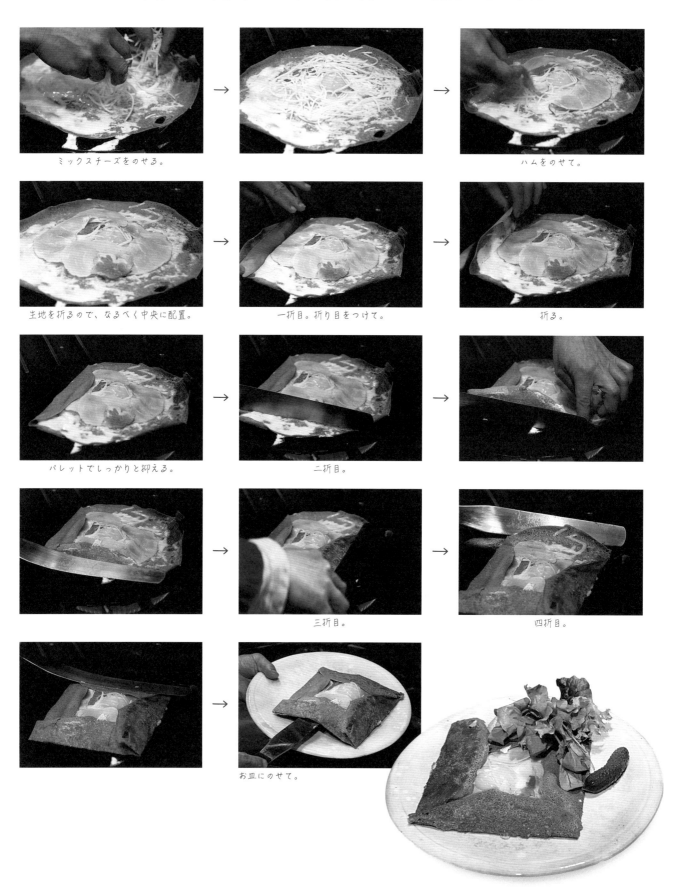

ミックスチーズをのせる。

ハムをのせて。

生地を折るので、なるべく中央に配置。

一折目。折り目をつけて。

折る。

パレットでしっかりと抑える。

二折目。

三折目。

四折目。

お皿にのせて。

サラダとピクルスを盛りつけて完成。

ラングスティーヌの
ソテー

鴨肉のロースト
赤ワインソース

生ハムのサラダ

杜蠣のバターソテー
レモンクリームソース

自家製ベーコン

スモークサーモン＆
クリームチーズ

Oyster

Salmon

Duck

Bacon

Langsteine

Raw ham

牡蠣のバターソテー
レモンクリームソースのガレット

レモンとバターと生クリームという最強ソースをまとった広島産の牡蠣をぜいたくにのせたガレット。
磯の香りと旨味が濃い "ぷりぷり" の食感がたまりません。

＊材料

ガレット生地…適量

卵…1個

生牡蠣…5個

ベーコンスライス…3枚

エメンタールとグリュエールのミックスチーズ…適量

レモンスライス…2切れ

シブレット（芽ネギ）…適量

生クリーム…大さじ2

バター…適量　※ソテー用、生地に塗る用

小麦粉…適量

白ワイン…大さじ2

サラダ油…大さじ1

磯の香りと
旨味が濃い広島産の
牡蠣がおすすめ

牡蠣に小麦粉をふって。

フライパンに油をひいて中火で焼く。

表面がきつね色になってきたら白ワインを加え、

泡立ってきたら、

生クリームとバターを加える。

レモンのスライスを1枚加えて煮詰め、火からおろしておく。

ガレットを焼く。

表面が乾いてきたら全体にバターをぬって。

卵は黄身と白身を分ける。（基本参照）

チーズを全体にのせて。

ベーコンスライスをのせて。

四方をたたんで、お皿にのせる。

牡蠣をのせ、ソースをかけて。

シブレットを切ってのせて。

レモンスライスをかざって完成！

スモークサーモン＆
クリームチーズのガレット

スモークサーモンとクリームチーズの、誰もが信頼できる相性をシンプルに。
アペタイザーとしてもメインとしてもコースに送り込める名選手。

★材料
ガレット生地…適量
卵…1個
クリームチーズ…適量
スモークサーモン…適量
レモンスライス…1切れ
サラダ菜…1枚
マヨネーズ…適量
バター…適量　※生地に塗る用
ケッパー(酢漬け)…適量
ピクルス…1本
塩・コショウ…少々

穴は焼き目の造形美。

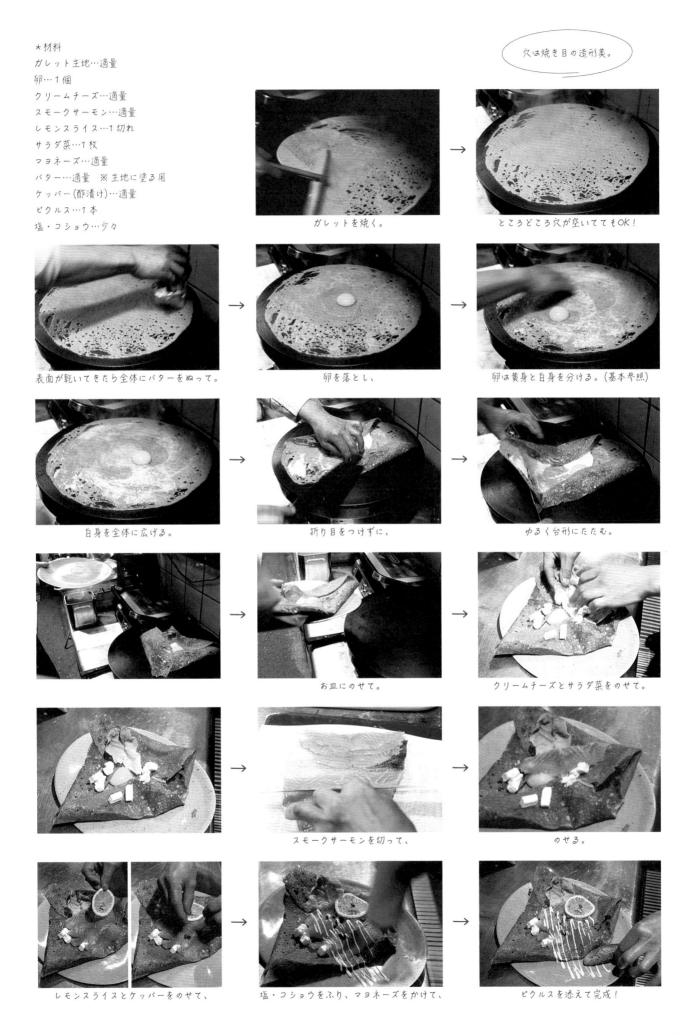

ガレットを焼く。

ところどころ穴が空いててもOK！

表面が乾いてきたら全体にバターをぬって。

卵を落とし、

卵は黄身と白身を分ける。(基本参照)

白身を全体に広げる。

折り目をつけずに、

ゆるく台形にたたむ。

お皿にのせて。

クリームチーズとサラダ菜をのせて。

スモークサーモンを切って、

のせる。

レモンスライスとケッパーをのせて、

塩・コショウをふり、マヨネーズをかけて、

ピクルスを添えて完成！

鴨肉のロースト赤ワインソース
ほうれん草とチーズのロールガレット

鴨肉のローストにチャレンジ。
甘酸っぱい赤ワインソースを合わせて贅沢な一皿に。
特別な日に作りたい映えるガレット。

★材料
ガレット生地…適量
卵…1個
鴨の胸肉…300gの1/3個(100g)
ほうれん草…適量
ブルーチーズ…適量
エメンタールとグリュエールの
　　　ミックスチーズ…適量
くるみ…適量
サラダ菜…4枚
バター…適量　※生地に塗る用量
塩・コショウ(粗挽)…少々
レッドペッパー…少々
オリーブオイル…少々
シブレット(芽ネギ)…適量

★赤ワインソース
赤ワイン…適量
グラニュー糖…ひとつまみ

☆ほうれん草のソテー
バターをひいた中火のフライ
パンにほうれん草を入れて炒
める。しんなりしてきたら塩・
コショウをして完成。

☆鴨肉のロースト　※59ページ参照
サラダ油をひいたフライパン(中火)で
油をまわしかけながら、約5分焼き、
180℃のオーブンで3分焼いてアルミ
ホイルで包んで休ませる。

☆赤ワインソース
赤ワインとグラニュー糖を濃度が
つくまで煮詰める。

ガレットを焼く。　バターをぬって、

卵を落とし、

黄身もつぶしてひろげる。

ミックスチーズとブルーチーズをのせて、

ほうれん草のソテーとくるみをのせる。

左右をたたんで。

手前もたたんで、

折り目をつけて

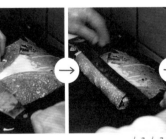

くるくるロールする。

4当分に輪切りにする。

お皿に立てるように、サラダ菜をさして。

鴨肉をスライス。

鴨肉をのせのせ。

ソースを再加熱してまわりに回しかける。

塩・コショウ・レッドペッパー。
オリーブオイルをかけて完成。

23

自家製ベーコンのガレット
キャベツの白ワイン煮添え

自家製ベーコンの旨味を楽しむガレット。
キャベツの白ワイン煮といっしょに食べればサッパリとして、
お酒がすすみます！

＊材料
ガレット生地…適量
卵…1個
ベーコンスライス…4枚
エメンタールとグリュエールの
　　　　　ミックスチーズ…適量
☆キャベツの白ワイン煮
シブレット（芽ネギ）…適量
ピクルス（小）…1本
赤ワインビネガー…少々
バター…適量　※生地に塗る用
塩・コショウ…少々

☆キャベツの白ワイン煮
＊材料
キャベツ…適量
バター…1カケ
白ワイン…少々
白ワインビネガー…少々
ローリエ…1枚
塩・コショウ…少々

小鍋に適当な大きさに切ったキャベツと白
ワインビネガーを少々、バターを1カケ、
ローリエ1枚、白ワイン少々を加え、蓋を
して蒸し煮にする。しんなりしてきたら、塩・
コショウをして完成。

ガレットを焼く。

バターをぬって、

卵を落とし、

白身をのばして。

チーズをのせる。

焦げ目がついてきたら、

たたむ。

1折り。

2折り。

3折り。

4折り。お皿にのせておく。

ベーコンスライスを焼く。

キャベツの白ワイン煮をのせておく。

塩・コショウをふって、

ビネガーを少々かけてベーコンの旨味アップ。

ベーコンをのせてシブレットをのせて完成！

ラングスティーヌのソテー
トマトとレタスのサラダガレット

旨味を凝縮した小ぶりのラングスティーヌをバターソテー。
プリプリの食感とトマト＆チーズの黄金比をレタスといっしょに食べれば、
口のなかで奏でる海と大地のハーモニー♪

★材料
ガレット生地…適量
卵…1個
ラングスティーヌ…5個
サラダ油…大さじ1
ブリーチーズ…適量
エメンタールとグリュエールのミックスチーズ…適量
トマトスライス…4枚
レタス…適量
レモンスライス…1枚
バター…適量　※ソテー用、生地に塗る用
生クリーム…適量
小麦粉…適量
白ワイン…大さじ2

ラングスティーヌのソテー

小麦粉をまぶして。

サラダ油をひいてバターを入れてをソテー。

白ワインをいてれ、生クリームを加えたら、火からおろしておく。

ガレットを焼く。　バターを塗る。

卵をぽとり。白身をのばして。
※おうぎ型に折るので黄身は端のほうに配置。

ブリーチーズをのせて。

ミックスチーズをのせて。

トマトをのせる。

おうぎ型に折るので配置に気をつけて。

1折り。

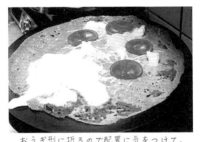

1折目に対して90度

卵がかくれないように注意。

2折り。

お皿にのせる。

オマールエビのソテーをのせる。

お好みのレタスをのせて、

レモンスライスをのせて完成！

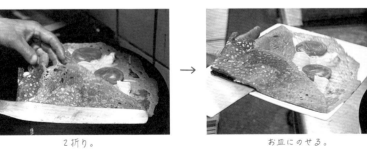

27

生ハムのサラダガレット

みずみずしい葉物野菜と、しっとりとした生ハムをぜいたくにのせ、
サラダ感覚で食べるガレットです。
じゃがいもの素揚げとブロッコリーが食べ応えアリ。

＊材料
ガレット生地…適量
卵…1個
生ハム…適量
エメンタールとグリュエールのミックスチーズ…適量
水菜…適量
サニーレタス…適量
ブロッコリー…適量 ※ブロッコリーは下茹でしておく
じゃがいも…適量 ※じゃがいもは素揚げにする
バター…適量　※生地に塗る用
オリーブオイル…少々 ※最後にまわしかける用
ビネグレットソース…適量

ビネグレットソースの
作り方は75ページを参照

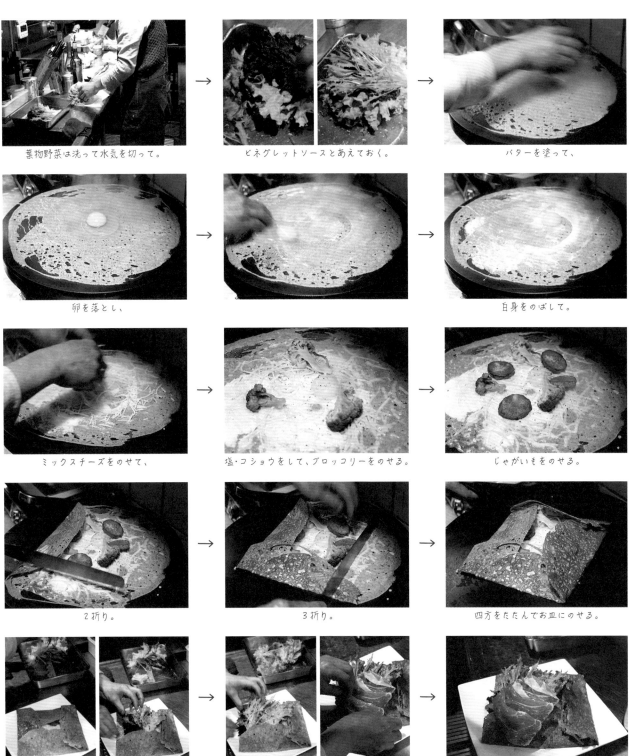

葉物野菜は洗って水気を切って。　→　ビネグレットソースとあえておく。　→　バターを塗って、

卵を落とし、　→　白身をのばして。

ミックスチーズをのせて、　→　塩・コショウをして、ブロッコリーをのせる。　→　じゃがいもをのせる。

2折り。　→　3折り。　→　四方をたたんでお皿にのせる。

サラダをのせて。　→　生ハムをのせて。　→　オリーブオイルをかけて完成！

真鯛のポワレと
にんじんのラペ

フランスパンにラペをのせたり、
お魚のソースをしみこませて。

ふっくら。

こんがりと焼いた皮目は香ばしく、
サクッとナイフを入れた瞬間、
ふっくらとした白身がふわっとほぐれる。
レモンバターの酸味とケッパーの香りが食欲をそそり、
カリカリのフランスパンがすすみます。

少々入れると
味がととのう。

結城市の老舗蔵元
小田屋の醤油

★材料
真鯛(切り身)…約100g
ベーコン…適量
じゃがいも…1/2個
オリーブオイル…適量

☆ブールノワゼットソース
バター…50g
レモン…適量
パセリ…適量
ケッパー(酢漬け)…適量
塩・コショウ(粗挽)…少々
醤油…少々

※真鯛のほかスズキなど白身魚でもOK
※じゃがいもは下茹でしたもの

下ごしらえ

じゃがいもを下茹でする。

真鯛は皮目にXの切れ目を入れる。

ベーコン＆真鯛を焼く。

真鯛は皮目をしっかりと焼いて香ばしく、
バリバリ＆ふっくらと仕上げましょう！
ベーコンは動物系の旨味をプラスアルファ。

真鯛に塩をふって、

ベーコンを焼いて。

真鯛を皮目から焼く。

ベーコンが焼けたらよけておく。※ソースに移す。

ベーコンの油でそのまま焼き続ける。

蓋をして約2分、蒸し焼きにする。

まわりが白くなってきたら、

うら返して約1分、中まで焼く。

ブールノワゼットソースづくり。

たっぷりのバターにケッパーの風味とレモンの酸味をプラスして、コクがあるのにサッパリとしたソースに仕上げましょう。

中火で塩・コショウを空焼きする。　　　　　　　　　　バターを加える。

バターを加えると大きな泡から細かい泡に。
さらに火を入れると、少しずつ色づいてくる。
ケッパーを加えて、最後にレモンを絞り、
絞ったレモンも入れる。

最初は大きい泡。　細かい泡になってきた。　泡の切れ目が見えてきた。　ケッパーを加えて。

バターが色づいてきたらレモンを絞り入れ、　　真鯛と一緒に焼いたベーコンを入れて、　　パセリと隠し味程度の醤油を入れて完成。
　　　　　　　　　　　　　　　　　　　　　　　　　　　　　　　　　　　　　　　※魚を盛り付けて最後にかける。

仕上げ&盛りつけ。　立体感のある盛り付けに！

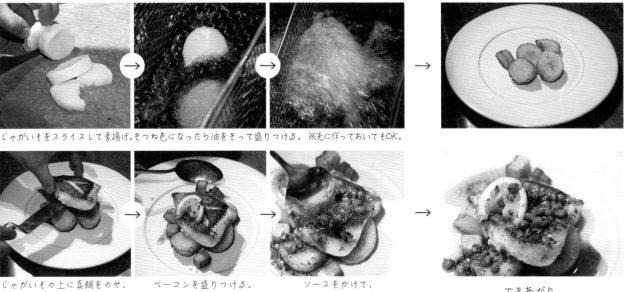

じゃがいもをスライスして素揚げ。きつね色になったら油をきって盛りつける。※先に作っておいてもOK。

じゃがいもの上に真鯛をのせ、　　ベーコンを盛りつける。　　ソースをかけて、　　　　　　できあがり。

にんじんのラペ

ラペは本来甘酸っぱいサラダですが、ファミーユではゴマの風味を生かしてまろやかに仕上げています。

☆ゴマドレッシング

★材料

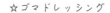

ゴマ…150g

タマネギ…1個半

ニンニク…2カケ

- 塩…15g
- 砂糖…15g
- 鶏ガラ（顆粒）…10g
Ⓐ 水…400cc
- 醤油…200cc
- アップルビネガー…100cc
- ピーナッツオイル…150cc

キャノーラ油…700cc

※ドレッシングは仕込み用で多いので、
　ニンジンとあえるときは調整してください。

ニンジン…1本

中火で香りが出るまでゴマを炒る。　ニンニクは皮をむきタマネギはざく切りに。　　　醤油 200cc　　アップルビネガー 100cc　　ピーナッツオイル 150cc

炒りゴマ、タマネギ、ニンニク、Ⓐを入れてミキサーにかける。　その後キャノーラ油を加え、さらにミキサーにかけ、オイルが混ざったら完成。

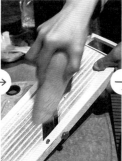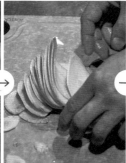

ピーラーで皮をむいて。　スライサーでスライスして。　そろえて。　　　　　　　細切りに。

ドレッシングをそそいで。　　しんなりするまでもみこむ。　　お皿にもって完成！冷蔵庫へ。

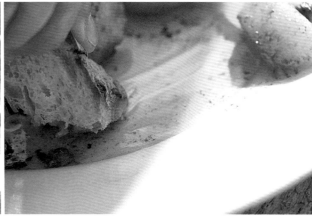

キッシュ・ロレーヌ

Quiche [ˈkiːʃ] キッシュは、卵と生クリームを使ってオーブンで焼いた
フランスロレーヌ地方の郷土料理。ファミーユで人気の料理です。
表面の焼き色とアパレイユで固められた野菜の断面が芸術的。

キッシュの土台のタルト生地

パート・ブリゼ

＊材料（1台分）
強力粉…75g
薄力粉…75g
無塩バター（1cm角に切る）…75g
水…60g
塩…3g
※材料はすべて冷蔵庫で冷やしておく。

①ボウルにバターと粉を入れ、バターを
　つぶすように指ですり合わせ、サラサラ
　の状態にする。
②真ん中をくぼませて塩水を加え、
　中心から切るように混ぜる。
　ひとまとめにして、冷蔵庫で一晩
　寝かせる。
③約3mm厚さに伸ばして、型に敷き込む。
　オーブンを170℃に予熱。
　冷蔵庫で30分以上休ませ、指で生地を
　押して、型にしっかりと密着させる。
④ピケ（生地全体をフォークで刺して
　穴をつける）をしてクッキングシート
　を敷き、重石をのせる。
⑤170℃で40分、重石を外して30分焼く。
　焼き上がったら溶き卵を塗る。

流し込む卵液

アパレイユ

＊材料（1台分）
卵黄…1個
卵…2個
生クリーム…30ml
牛乳…100ml
メース（スパイス）…少々
塩…少々

①卵を混ぜて、強力粉をふるい入れる。
②生クリーム、牛乳を加えて混ぜ、
　メース、塩を入れ、味を整える。

キッシュ・ロレーヌ

＊材料（1台分）
玉ねぎ…1個
じゃがいも…1個
ベーコン…100g
エメンタールとグリュエールの
ミックスチーズ……70g

①玉ねぎは厚めにスライスし、少量の油と塩を加え、弱火でじっくり炒める。
②じゃがいもは1cm角に切り、約6分塩茹でする。
③ベーコンは1cm角に切り、オーブンで10分くらい焼く。強火にかけ、
　赤ワインビネガーを回し入れ、水分が飛ぶまで炒める。コショウをふる。
④均一に混ぜて、焼いた生地に入れる。
　（具材の配置で、真ん中を少しあけておくと切りやすい）
⑤アパレイユを流し入れ、150℃で70分焼く。

春を感じる。

桜の花は六分咲き。菜の花は満開で、芝生もうっすら緑色。結城に春がやってきた。
気持ちいい陽気に誘われて、春を感じるスパゲッティを作りますか。

アスパラと生ハムのスパゲッティ

春の野太いアスパラガスを縦にスライスして、
極細のリングイネといっしょにフォークで巻く。
切りたてのしっとりとした生ハムとの相性も抜群です！

★材料
リングイネ1.2mm…100g　アスパラガス…2本
生ハム（市販のものでOK）…適量　ニンニク…1カケ（みじん切り）
オリーブオイル…適量　粉チーズ…適量　塩・コショウ…少々

ブイヨン…大さじ1
★ブイヨンは市販のブイヨンを
　表記にしたがって作ったものでOK。
※ファミーユでは自家製ブイヨンです。

アスパラの下部をピーラーでかるくむいて、下約1cmを切る。　※ファミーユは切ったものを、かるく茹でてミキサーにかけ、濾してアスパラジュースに…これ使います。

1.2mmのリングイネ。　オリーブオイルをひいてニンニクのみじん切りを炒める。　アスパラガスをピーラーで縦にスライスする。

アスパラを20秒ほど下茹でしたら、

フライパンに入れてかるく塩・コショウ。

←自家製ブイヨン

ブイヨンを加える。

リングイネを茹で始める。

アスパラユースを加える。

緑がきれいです。※煮立ちすぎに注意。

リングイネが茹で上がったらフライパンに入れて、パスタの茹で汁を少しずつ加えながらあえる。塩・コショウで味を整える。

お皿に盛る。

生ハムを盛って、粉チーズをふりかけて、オリーブオイルをまわしかけて、できあがり！

豚ひき肉とレンコンのトマトソース

レンコンは冬の食材だけど、もはやいつでも手に入る。粗めの豚ひき肉の旨味と、サッパリと仕上げたトマトソースをからめて
シャキシャキの食感を楽しみましょう。レンコン好きにはたまらない一皿です。

★材料
パスタ 1.6mm…100g
豚挽き肉(粗びき)…50g
レンコン…50g
ホールトマト…適量
ニンニク…1カケ(みじん切り)
ブイヨン…大さじ1
パルメザンチーズ…適量
塩・コショウ…少々
白ワイン…少々

豚挽き肉は、炒める前に
塩・コショウ・白ワイン少々で
下味をつけておく。

オイルをひいて弱火でニンニクを炒める。

豚ひき肉をいれて、中火で炒める。

ひき肉の色が変わってきた。

レンコンは食感が残るようにスライス。

レンコンをかるく下茹でして入れる。

レンコンも炒めたら、

ホールトマトを入れる。※つぶす

ブイヨンを加えて5分くらい煮込んで、

酸味を残すくらいにしてサッパリ仕上げ。

ホールトマトは
煮込むと酸味が少なくなります。
ファミーユでは季節によって、
煮込む時間を調整しています。

パスタを入れて、

からめる。

塩・コショウで味をととのえて。

お皿に盛りつける。

パルメザンチーズを削って、

できあがり!

43

桜えびと菜の花のペペロンチーノ

鮮やかな赤と緑は春のいろどり。摘みたての菜の花は、ほろ苦くなくむしろ甘い。
桜えびは小粒だけど、その一尾には旨味の宇宙が広がってる。ココロがおどるお昼のパスタを楽しもう。

★材料
パスタ 1.6mm…100g
菜の花…適量
桜えび…適量
オリーブオイル…適量
ニンニク…1カケ(みじん切り)
たかの爪…1本
ブイヨン…大さじ1

菜の花はつぼみを摘む。

パスタに、まろやかな塩味とコシを出す。

たっぷりのお湯に約10%の塩を入れて。

弱火でニンニク・たかの爪の香りを出す。

菜の花を下茹でする。

水気をとる。

ニンニクが色づいてきたらたかの爪を取り出す。

ブイヨンをいれたら、パスタを茹でる(約6分)。

桜えびを入れる。

菜の花を入れる。

たかの爪をもどす。

茹であがったらパスタを入れる。

からめる。

お皿に盛る。

花びらをちらして、

できあがり!

初夏の冷製と、気まぐれスパゲッティ

6月のはじめ、天気がいい日の木陰ランチ。
気温も上がり、涼しげな冷製スパゲッティが食べたくなる。

貝類とアスパラの冷製スパゲッティ

アサリとホタテの小柱とツブ貝の旨味を凝縮した冷製スープにレモンをギュッと絞ってサッパリ！
乱切りにした存在感のあるアスパラと、冷水でしめたモチモチのパスタとの相性もピッタリ。

＊材料
パスタ 1.6mm…100g
アサリ…適量
ホタテ小柱…適量
ツブ貝…適量
アスパラガス…3本
レモン…1/2個
オリーブオイル…少々
ブイヨン…大さじ1
醤油…少々

スパゲッティの太さはお好みで。

※冷製スパゲッティは通常(表示時間)より
少し長めに茹でる。

下ごしらえ
小柱とアサリは白ワインで
蒸して冷ましておく。
アサリは半分、
殻から身を外しておく。

一本のアスパラはピーラーで縦にスライス。

残りの二本のアスパラは乱切りにして、

10秒茹でて氷水につけて、

おいておく。

パスタを茹でる。

ツブ貝は食べやすい大きさに切って、塩コショウしてボウルに、

貝類をボウルに移す。

乱切りのアスパラを加えて、醤油を入れる。

オリーブオイルを入れ、からめておく。

パスタが茹であがったら急冷して水気を切る。

レモンを三枚ほど薄くスライスして、

レモンスライスと残りのレモンを絞り入れる。

薄切りアスパラを茹でて急冷。盛り付けて、

オリーブオイルをかけてコショウをふって完成！

ゴルゴンゾーラのトマトクリームペンネ

焼いた香り高いゴルゴンゾーラチーズをブイヨンと生クリームでのばし、濃厚なソースに仕上げる。

＊材料
ペンネ…100g
ゴルゴンゾーラチーズ…50g
バター…5g
生クリーム…約150ml
トマトソース…お好みで
ブイヨン…約60ml
コショウ…少々

ゴルゴンゾーラチーズを切って。

弱火にしたフライパンに入れる。

バターを加える。

少しずつ溶けはじめる。

まぜながら、

焦がさないように焼く。

全体がきつね色になってきたら、

ブイヨンを加える。

チーズをブイヨンでのばす。

生クリームを（約200ml）加える。

ひと煮立ちさせたら火を止める。

ペンネを茹でる。

ペンネが茹で上がる直前に火をつけて、

トマトソースを加える。

茹で上がったペンネを加える。

濃度がつくまで少し煮詰める。

お皿に盛りつけて、

コショウをふって完成！

きのこのクリームソーススパゲッティ

数種類のきのこと乾燥ポルチーニ茸を白ワインで蒸し煮。きのこの風味を生かしたクリームソース。
このソースに負けない太めのパスタで食べ応えありの一皿に。

★材料
パスタ（1.8mm）…100g
ベーコン…4切れ
きのこ…お好みで
乾燥ポルチーニ茸…6g
生クリーム…100ml
バター…5g
パルメザンチーズ…適量
白ワイン…60ml
ブイヨン…適量
塩・コショウ…少々
オリーブオイル…適量

中火のフライパンでベーコンを焼く。　→　バターを入れてきのこを加えて、　→　かるくソテーする。

フタをして蒸し焼きに(約1分)。　→　ポルチーニ茸を加えて、　→　白ワインを入れて、

強火にして煮つめる。　→　パスタを茹でる。　→　白ワインが煮つまってきたらブイヨンを加える。

生クリームを入れる。　→　濃度がつくまで少し煮詰める。　→　茹で上がったパスタを加える。

火を止めてソースとからめる。　→　パルメザンチーズを加えて、　→　素早くからめる。

お皿に盛る。　→　お好みで、追いパルメザンチーズと、　→　コショウをかけて完成。

53

しっとりと降る雨の日は…。

霧雨のファミーユ。
色とりどりの素敵なアジサイが花開く季節。
室内に柔らかくそそぐ陽の光、
窓の外の絵画を眺めながらゆったりとした時間が流れます。
そんなしっとりと降る雨の日は、しっとりとしたステーキを…。

雨なのに散歩したくなります。

ステーキフリット

さっぱりとした赤味の牛ランプ肉をシンプルに塩をふってじっくりと焼く。
ローズマリーの香り漂うポテトフリットの上に豪快にのせ、ピクルスも一本まるごとのせてビストロ風の一皿に。
厚みがあるのに柔らかく、しっとりとジューシーな肉といっしょにポテトを口にはこんで赤ワインで流し込む幸せ。

細長く切って水につけておく。

香草は庭から。

★材料
牛ランプ肉…200g ※常温に戻しておく
じゃがいも…100g
きゅうりのピクルス…1本
ローズマリー…2束
ニンニク…1カケ
塩・コショウ…適量
キャノーラ油…適量
フレンチマスタード…適量

※2cmくらいの厚みのある肉を焼く時間は
　トータル10分くらい。
　休ませる時間も10分くらい。
※フライパンは厚手のものを使うと
　焼き上がりが良くなります。

肉の両面に塩をふっておく。※コショウはなし。

じゃがいもは水気を切って、160℃の油で2分ほど素揚げにする。※後で再度揚げ直します。

フライパンを強火で十分温める。
油を引いて煙が出てきたら肉を焼き始める。
焼き色がついたら裏返す。
側面もしっかりと焼く。

全体的に焼き色がついたら、少し弾力がつくまで弱火で焼く。

油をまわしかけながら。

焼けたらバットに置いて10分ほど休ませる。

じゃがいもを180℃の油で再び揚げる。

ローズマリーを入れて香りづけ。

塩・コショウをふる。

お肉をカットする。

レモンとマスタードとピクルスを添えて完成！

レモンを絞ってマスタードつけて！

鴨のロースト

鴨のローストはハードルが高いようですが、コツをつかめば難しくない料理。
丁寧に焼いてロゼに仕上げる。
特別な日はもちろん、ふだんのディナーにもぜひ。

＊材料
鴨肉（胸肉）…150g
ナス…1/2 個（縦切り）
ニンニク…1 カケ
イタリアンパセリ…適量
キャノーラ油…適量

＊バルサミコソース
バルサミコ酢…適量
タイム…適量
レモン汁…適量
塩・コショウ…少々
砂糖…小さじ 1/2

☆マッシュポテト
＊材料
じゃがいも…1 個
牛乳…適量
生クリーム…少々
バター…適量
塩・コショウ…少々

① じゃがいもを厚めにスライスして、竹串が刺さるくらいまで茹でる。
② 水気をとばして、バターを加えたら、マッシャーで潰してからホイッパーで混ぜる。
③ 牛乳と生クリームでお好みの"なめらかさ"になるまでよく混ぜる。
④ 塩・コショウで味を整える。

鴨肉は常温に。

300g（約2〜3人分）の半分を使います。

羽の残りがあるものは
毛抜などで取り除く。

皮のほうにさいの目に切れ目を入れる。

両面に塩をふる。

強火で温めてから中火にして皮目から焼く。

フライパンを傾けて油をかけながら焼いていく。

フライパンで焼けない側面を油をかけながら。

油を除いて、ニンニクを加える。

約2分30秒焼いて、170℃のオーブンで約2分。

オーブンから取り出したら、

アルミホイルで包んで余熱で火を入れる。

※ 最低5分以上休ませる。

次ページへ。

鴨のローストのつづき。　バルサミコソースは甘酸っぱく。

※砂糖を焼いてキャラメル状にしてから
赤ワインビネガーを入れても美味しい。

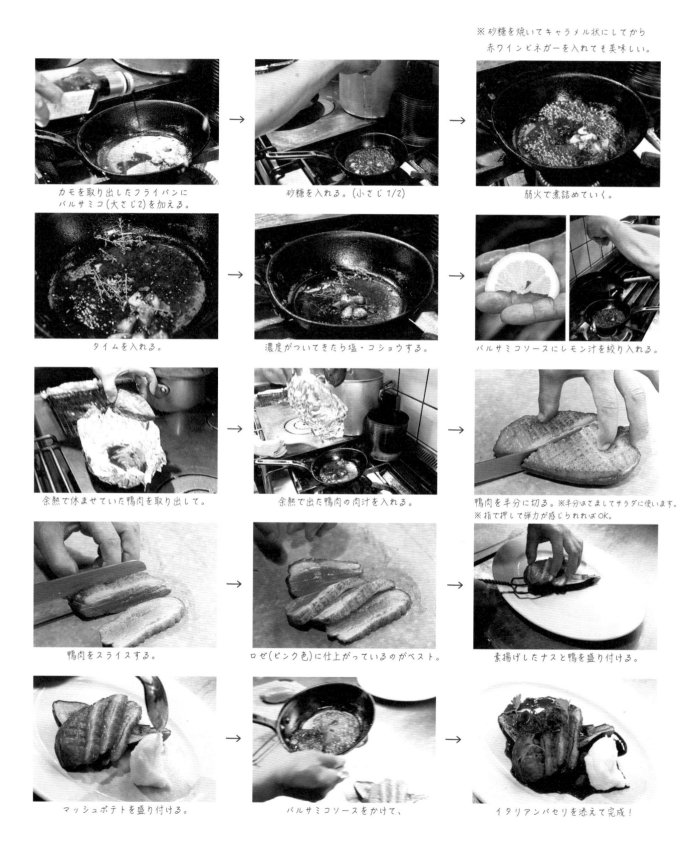

カモを取り出したフライパンに
バルサミコ（大さじ2）を加える。

砂糖を入れる。（小さじ1/2）

弱火で煮詰めていく。

タイムを入れる。

濃度がついてきたら塩・コショウする。

バルサミコソースにレモン汁を絞り入れる。

余熱で休ませていた鴨肉を取り出して。

余熱で出た鴨肉の肉汁を入れる。

鴨肉を半分に切る。※半分はさましてサラダに使います。
※指で押して弾力が感じられればOK。

鴨肉をスライスする。

ロゼ（ピンク色）に仕上がっているのがベスト。

素揚げしたナスと鴨を盛り付ける。

マッシュポテトを盛り付ける。

バルサミコソースをかけて、

イタリアンパセリを添えて完成！

鴨肉があまったら…

鴨のローストサラダ ラタトゥイユ添え

★材料
鴨肉(胸肉)…150g
ビーツ(蒸し)…適量
サニーレタス…適量
トレビス…適量
オリーブオイル…適量
ラタトゥイユ…適量

鴨のローストをサラダ風にアレンジ。ビーツをくるんで食感を楽しんでみたり、
ラタトゥイユをのせて食べればまろやかに。
見た目にも美しい贅沢なサラダ！

☆ラタトゥイユ
ル・クルーゼの鍋にニンニク(4カケ)を弱火で香りが出るまで炒めて、タマネギ(2個)、ニンジン(1本)、セロリ(1本)を適当な大きさに切って炒める。
しんなりしてきたら、パプリカ(1個)、ズッキーニ(1本)、ナス(1本)、トマト(大1個)を適当な大きさに切って加え、トマトペースト(大さじ1)を入れたら、
塩(少々)入れて、かるくまぜて蓋をして無水調理。弱火で40分煮込む。味見をして塩・コショウで味を整えて完成。

ビーツを1/8個に切って　　　　トレビスを盛り付け、ビーツを2個盛り付ける。　　　　ラタトゥイユを盛り付ける。

鴨肉をお好みの厚さにスライスして、　　　　盛り付ける。　　　　オリーブオイルを回しかけて、できあがり！

季節の飲み物。

ファミーユでは期間限定のスペシャルドリンクが楽しめる。
そのなかでもレモンを使用した飲み物が人気。
季節によって味わいの違う2つのドリンクを紹介。
美味しい料理によく合います。

夏は、レモンの酸味をダイレクトに感じる
フレッシュレモネード

柚子ソーダ

ソーダは季節により、さくらんぼやプラム、
ブルーベリーなどの果物を使用。
冬はホットも楽しめます。

昼下がりのファミーユで

平日の昼下がり。慌ただしいランチタイムが終わったファミーユに遊びに行くと、
スタッフさんが花束を運んだり、パンをこねたり、
まかない料理を作ったり、ゆったりとした時間が流れている。
すると、仕込み中のシュークルートが出来上がったというので、撮影させていただくことに。
ちょうど良く焼きあがったパンといっしょにテーブルにならべて、
撮ったり食べたり飲んだり、すみません♪

その形が愛おしい

丸パン

★材料
◎粉
全粒粉…50g
中力粉…100g
準強力粉…350g

無塩発酵バター…25g

◎液Ⓐ
三温糖…20g
塩…10g
全卵…30g
牛乳…80g
水…250g

◎液Ⓑ
35℃のお湯…50g
インスタント
ドライイースト…5g

①フードプロセッサーに粉を入れる。
②液ⒶとⒷをよく混ぜ、少しずつ加える。
③生地がまとまってきたら、バターをちぎり入れる。
④グルテンが形成されたら、生地を出して手でこねる。
　表面を張らせてフタ付きの容器に入れる。
　35−45分置く（一次発酵）
⑤生地が倍くらいの大きさに膨らんだら、
　出してパンチ（ガス抜き）して二次発酵（35−45分）
⑥1個60gに分割し、丸めて、15分置く（ベンチタイム）
⑦成形をする。生地の表面が張るように丸め、とじ目を
　閉じる。天板に間隔をあけて並べ、最終発酵（60分）
⑧強力粉をふりかけてクープ（切り込み）を入れ、
　霧吹きで水をかけたら280℃に予熱したオーブンに入れて2分ほどしたら、
　加湿して230℃に下げて2分、210℃に下げて10分ほど焼く。

豚肩肉と自家製ソーセージのシュークルート

シュークルートは乳酸発酵させたキャベツと塩漬けのお肉やソーセージを煮込んだアルザス地方の酸っぱい料理。
ナイフを入れるとほろりと崩れるくらいに柔らかく煮込んだ豚肉と、噛みごたえと旨味があふれる自家製ソーセージ。
その煮汁がしみ込んだザワークラウトが最高！冷えたビールとの相性は抜群です！

ザワー
クラウトの量は
お好みで。

※メーカーによって、
サッパリとした酢漬けのものや、
発酵が進んだものがある。
発酵が進んだものは流水で流す。

＊材料
ザワークラウト瓶詰め…2本分
豚肩ロース肉…2kg
※豚の部位はお好みで、豚バラや、
　スネ、ウデなどでもOK

じゃがいも…20個
ソーセージ(市販のもので可)…20本
※ソーセージの代わりに
　ベーコンでもOK

水…適量
白ワイン…適量
ローリエ…3枚
クローブ…6本
ジュニパーベリー…5粒

塩…適量
固形ブイヨン…2個

パセリ、マスタードはお好みで

※水と白ワインの
割合は半々。
材料がひたる
くらいに。

① 肩ロース肉(2kg)をブロックのまま塩を擦り込み、塩漬けにして、3日間冷蔵庫に。

② 3日後、豚バラ肉を軽く流水して、塩気をとる (15分くらい)。

③ 肩ロース肉を鍋に入れ、白ワイン、水、お肉が浸る量を入れる。

④ ローリエ3枚、クローブ6本、ジュニパーベリー5粒、固形のブイヨン2個入れ火にかける。

⑤ 沸騰したら弱火にして30分くらい煮る。

⑥ 皮をむいたじゃがいもはまるごと、ソーセージも入れて、
　 ザワークラウトを蓋をするようにして加え、さらに1時間、弱火で煮込む。

⑦ ザワークラウトやじゃがいもなどを盛り付け、豚バラ肉は適当な大きさに切って盛り付け、
　 みじん切りのパセリをふりかけてできあがり。

← HITACHINO NEST BEER

マスタードを
つけて食べるので、
塩気はお好みで。

秋晴れ。
お酒にぴったりのサラダ

ベーコンと
バケットの
シーザーサラダ

バテ入りの
リヨン風サラダ

ニース風サラダ

café la famille recipe

家で気軽に楽しんで

ニース風サラダ

ニースサラダはトマト、ゆで卵、アンチョビ、
ツナ、オリーブなど、食べ応えのある具だくさんのサラダ。

何にでも使える
ビネグレットソース

＊材料

トマト…1/2個	ブロッコリー…4カット	
ゆで卵…1個	カリフラワー…4カット	
アンチョビ…適量	パプリカ…4カット	
オリーブ…5個	ゆでじゃがいも…1/2個	
レタス類…適量	マッシュルーム…1個	
ツナ…適量		

※マヨネーズ、エシャロット、
　オレガノで和えておく。

＊ドレッシング（10人分くらい）

塩…4g
コショウ…少々
サイダービネガー…30ml
赤ワインビネガー…20ml
ディジョンマスタード…20g
オリーブオイル…200ml
レモン…1/8個

サイダービネガー　赤ワインビネガー　まぜる。　マスタードを加える。

オリーブオイルを少しずつ加えて乳化させる。　塩・コショウ少々、レモンをしぼり入れ。

ドレッシング完成！

サニーレタス、グリーンカール、ベビーリーフなど葉物野菜の水けを切る。　ドレッシングを大さじ1加えて、

やさしくまぜて、　お皿に盛りつける。　野菜を食べやすい大きさにカットして。

オリーブを盛り付けて、　ツナを盛りつけて、　卵の上にアンチョビをのせて完成！

シーザーサラダ

ビネグレットソースに、マヨネーズとチーズを加えた
シーザードレッシング。バケットと肉厚のベーコンを焼いて
ワインやビールとよく合うおつまみサラダ。

*材料
レタス類…適量
ベーコン…適量
バケット…適量
赤ワインビネガー…少々
オリーブオイル…少々

ビネグレット
ソースにマヨネーズ
を加える!

*ドレッシング
ビネグレットソース…大さじ1
マヨネーズ…大さじ1
グリエールチーズ…適量
バルメザンチーズ…適量
レモン…少々

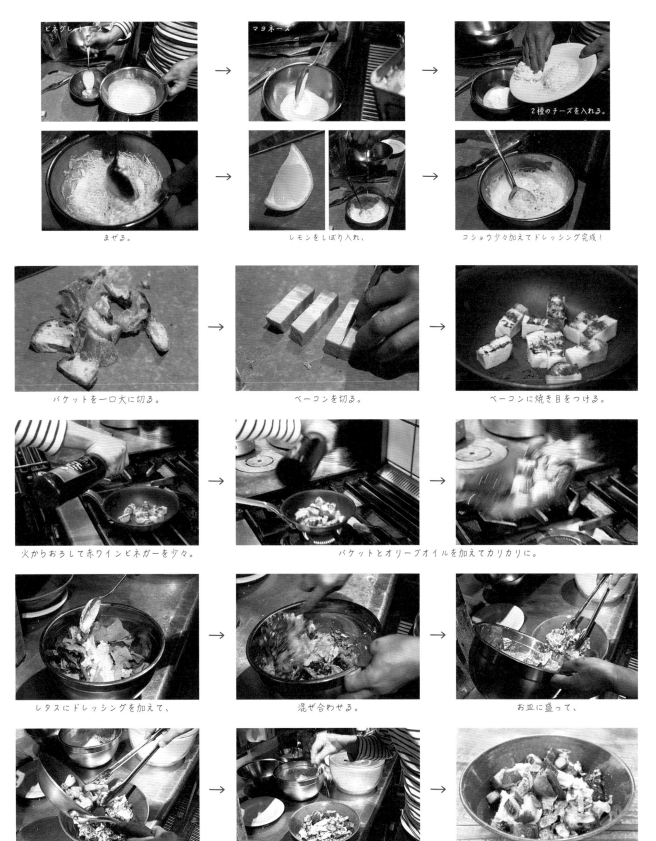

ビネグレットソース

マヨネーズ

2種のチーズを入れる。

まぜる。

レモンをしぼり入れ、

コショウ少々加えてドレッシング完成!

バケットを一口大に切る。

ベーコンを切る。

ベーコンに焼き目をつける。

火からおろして赤ワインビネガーを少々。

バケットとオリーブオイルを加えてカリカリに。

レタスにドレッシングを加えて、

混ぜ合わせる。

お皿に盛って、

バゲットとベーコンをのせる。

お好みでバルメザンチーズをふりかけて、

完成!

77

ワインがすすみます

パテ入りのリヨン風サラダ

リヨンサラダはトマト、じゃがいも、ポーチドエッグに豚バラ肉や
レバーを焼いたものを入れた、ワインによく合うおつまみサラダ。
ファミーユでは自家製ベーコンとパテを使います。
ご家庭ではなかなか作らないと思うので、市販のパテでも OK だけど、
時間があったら作ってみてください。

パテ入りのリヨン風サラダ

＊材料	＊ポーチドエッグ	＊ドレッシング
トマト…1/2個	卵…1個	塩…適量
ゆでじゃがいも…1/2個	ビネガー…小さじ1	コショウ…少々
レタス類…適量		バルサミコ酢…適量
自家製ベーコン…適量	＊自家製パテ…適量	オリーブオイル…適量
赤ワインビネガー…少々		レモン…少々

ポーチドエッグ

お湯を沸騰させた鍋に小さじ1杯のビネガーを入れる。弱火にして2分くらい茹でる。白身が固まってきたら冷水に入れて冷ます。

ベーコンを焼く。

赤ワインビネガー少々加えて肉の旨味を引き出す。

焼けたら火から下ろしておく。

塩・コショウ少々。

バルサミコ酢少々。　オリーブオイル少々。レモン少々加えて、まぜ合わせてお皿に盛りつける。

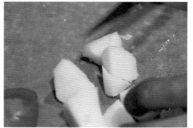
トマト、じゃがいも、葉物野菜を盛り付けて、

ベーコン、パテ、ポーチドエッグを盛り付けて完成！

パテの作り方。

★材料
豚ひき肉…2kg
鳥レバー…300g
卵…4個
タマネギ…1/2個
ニンニク(すりおろし)…2カケ
塩…45g
オールスパイス…少々

生クリーム…100ml
ブランデー…50ml
白ワイン…200ml
ローリエ…8枚
ナツメグ…少々
タイム…少々

 → 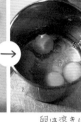 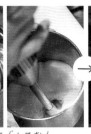 →  →

タマネギはみじん切り。 卵は溶きほぐしておく。 鳥レバーはミキサーにかけてペースト状にする。

 →  →  →

豚ひき肉に塩、スパイス、 タマネギ、ニンニク、 鳥レバーを加えて、 まぜる。

 →  →  →

白ワイン、ブランデー、 生クリーム、 卵を入れて、 粘りがでるまでまぜる。

 →  →  →

ムラなく粘りがでるまでまぜたら、 器に入れる。※フタのあるものが◎ 軽くたたいて空気を抜く。

 →  →  →

ローリエとタイムをのせる。 アルミホイルをかぶせて、フタをする。 バットにお湯を張る。

 →

100℃のオーブンで90分。

オーブンから
取り出したら
粗熱をとり、
ラードを張って
冷蔵庫で冷やす。

季節感を大切に。

ファミーユって季節の花々を花瓶にさしてテーブルにひとつひとつ置いてるんです。こうして見ると枯れた葉っぱも絵になります。

クリスマスにはとっておきの
チキン料理と、牡蠣のサバイヨン。

チキンディアブル風

\骨つき鶏もも肉を使います。/

ディアブルとはフランス語で「悪魔」という意味。
マスタードとコショウのソースを塗ったパン粉焼き。
怖そうな名前だけど、ジューシーなチキンの旨味あふれる贅沢な料理。
チキンの下に隠れた色とりどりの野菜とサラサラのフォンドボーで。

鶏もも肉を捌いて食べやすく。

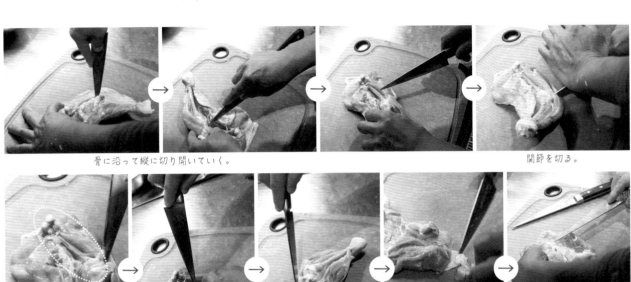

骨に沿って縦に切り開いていく。　　　　　　　　　関節を切る。

骨を取る。　　　　　　　　　　骨から肉をはがしていき、

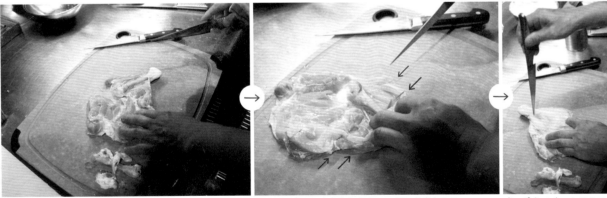

開いたら、　　　　均一に火を入れるため、切れ目を入れる。　　火の通りにくいところに
　　　　　　　　　　　　　　　　　　　　　　　　　　　　　　包丁の先でピケ（穴を開ける）して
　　　　　　　　　　　　　　　　　　　　　　　　　　　　　　切れ目を入れる。

肉側に塩・コショウ。

次ページへ。

チキンディアブル風のつづき。

たっぷりめの油をひいて皮目をバリバリに仕上げましょう。
油を回しかける〝アロゼ〟もしっかりと。
このあと、マスタードを塗ってパン粉をふって焼くので、
フライパンでの火入れは6〜7割に。

＊材料

鶏もも肉(骨つき)…1本	＊野菜(適量)	＊ソース
サラダ油…適量	トマト	フォンドボー…適量
ディジョンマスタード…適量	ブロッコリー	※市販のブイヨンでもOK
パン粉…適量	かぶ	
	紫キャベツ	
	ラディッシュ	
	じゃがいも など	

フライパンで6〜7割焼く。

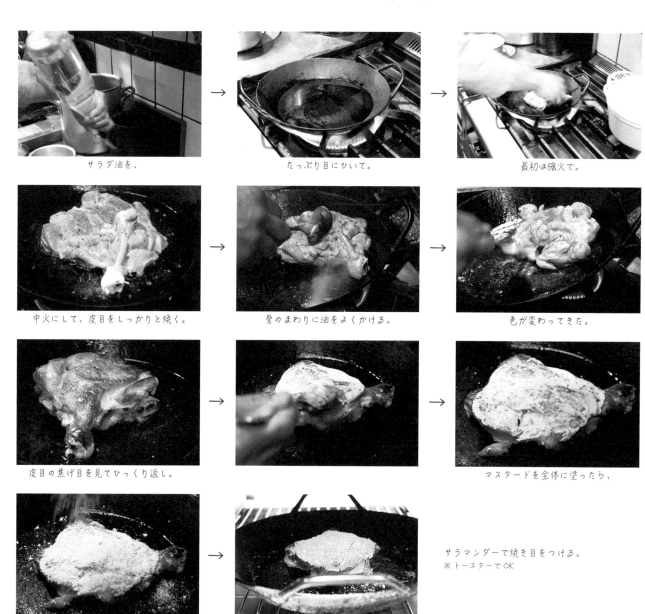

サラダ油を、　　→　たっぷり目にひいて。　　→　最初は強火で。

中火にして、皮目をしっかりと焼く。　　→　骨のまわりに油をよくかける。　　→　色が変わってきた。

皮目の焦げ目を見てひっくり返し。　　→　　　　　　　　　　　→　マスタードを全体に塗ったら、

パン粉をふって、　　→　　　　　　　　　　サラマンダーで焼き目をつける。
※トースターでOK

仕上げは彩り野菜とサラサラのフォンドボー。

彩り野菜にオリーブオイルを回しかけ、　→　サラマンダーで少し焼く。(温める)　→　フォンドボーを少し煮詰めて、

お皿にそそぐ。　→　ソースはサラサラの感じに。　→　野菜を盛り付ける。

→　その上にのせて、　→　完成！

少し時間をかけて。

骨付き鶏もも肉のコンフィ

コンフィは食材を低温の油で
じっくりと煮込むフランスの調理法。
そのままオイルに漬けておくことで保存でき、
なおかつ味がなじみ美味しくなります。

＊材料
骨つき鶏もも肉…20本
岩塩…120g
ニンニク…5カケ
タマネギ…3個
セロリ…適量
ローリエ…3枚
タイム…適量

タイム

タマネギ

岩塩は骨つき鶏もも肉1本（300g）に対して6g。
★写真は20本分／120g

ローリエ3枚とタイムを適量入れる。

ニンニクをすりおろす。

タマネギとセロリを乱切りにする。（マリネ用）

岩塩、ニンニク、ハーブを加える。

かるくまぜる。

ボウルに鶏肉を入れ、擦り込むようにまぜる。

鶏肉をバットに並べる。

香味野菜を上にのせて完了。

冷蔵庫に入れて
ひと晩寝かせる。

鶏もも肉のコンフィのつづき。

低温のオイルでじっくりと火を入れる。

冷蔵庫で
ひと晩寝かせた
鶏もも肉

ファミーユはラードを使用しますが、
ご家庭ではキャノーラ油やオリーブオイルでもOK。

余分な野菜を落としながら、

70℃に温めた油のなかに鶏肉を1本ずつ入れる。

鶏肉を入れた時点で温度が下がるので、再び70℃まで加熱する。

70℃になったら、ごく弱火にして1時間半煮込む。
煮込み終わり常温に戻したら、
バットに移してオイルに浸して冷蔵庫で保存。
（すぐに食べる場合は次の工程へ。）
食べる分を取り出してフライパンで焦げ目をつける工程へ。

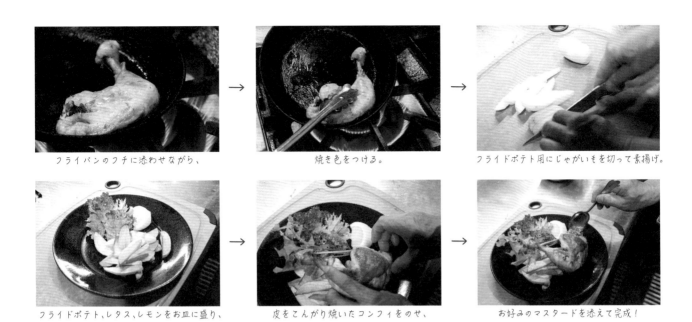

フライパンのフチに添わせながら、　焼き色をつける。　フライドポテト用にじゃがいもを切って素揚げ。

フライドポテト、レタス、レモンをお皿に盛り、　皮をこんがり焼いたコンフィをのせ、　お好みのマスタードを添えて完成！

牡蠣のサバイヨン

サバイヨンは、卵黄に水や白ワインを加え湯煎にかけ、
混ぜながら泡立ててムース状にしたクリーミーなソース。
砂糖を加えるか、塩を加えるかによって、スイーツにも料理にも使える。
ファミーユアレンジで牡蠣にピッタリの贅沢な一皿に。

★材料
ゆで牡蠣…3個
ゆでほうれん草…適量

★ファミーユのサバイヨンソース
卵…1個
白ワイン…大さじ1
水…大さじ1
マヨネーズ…大さじ1/2
溶かしバター…100g
塩…少々
レモン…少々

サバイヨンソースを作る

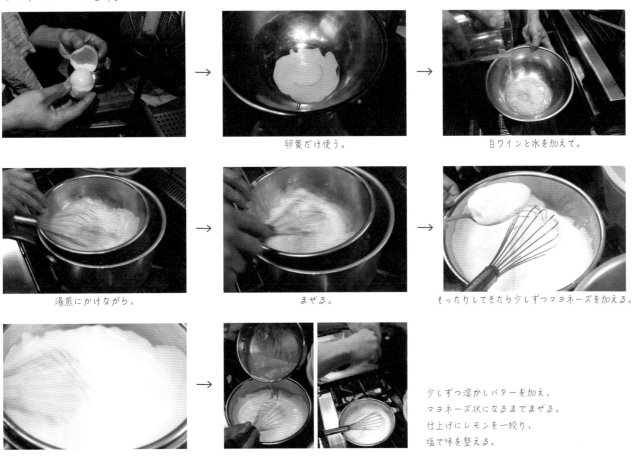

卵黄だけ使う。

白ワインと水を加えて。

湯煎にかけながら、

まぜる。

もったりしてきたら少しずつマヨネーズを加える。

少しずつ溶かしバターを加え、
マヨネーズ状になるまでまぜる。
仕上げにレモンを一絞り、
塩で味を整える。

牡蠣をバットにならべて、

ほうれん草をのせる。

牡蠣にサバイヨンソースをかけていく。

サラマンダーで焼き、きつね色になったら取り出し、
※トースターでOK

お皿に盛り付け、

完成!

ワインと読書とフリカッセ

寒い夜は部屋を暖かくして、白熱灯の明かりでじんわり過ごす。
温かい煮込み料理が食べたくなるけど、読書の途中だから
フライパンひとつで簡単に作れるフリカッセ。
生クリームのコクとキノコが香る、チキンをほおばりページをめくる。
濃厚なクリームソースに赤ワインを合わせてみる。
ああ、至福の時間。

＊材料

鶏もも肉…200g	マッシュルーム…適量	ケッパー…10粒くらい	生クリーム…40ml
※鶏肉にまぶす用の小麦粉…適量	シメジ…適量	ブイヨン…90ml	バター…15g
タマネギ…1/2個	エリンギ…適量	白ワイン…50ml	

鶏肉を大きめに切る。

タマネギを厚めにスライス。

キノコをカット。

白ワイン

生クリーム

小麦粉をまぶす。

→

余分な粉をたたいてはらう。

→

サラダ油をひいて中火で皮目から焼く。

きつね色になったらひっくり返す。

→

タマネギを入れる。

→

キノコを入れる。

キノコとタマネギが
しんなりしてきたら、
白ワインを入れる。

→

白ワインが1/3くらいに煮詰まったら、
ケッパーを加える。

→

ブイヨンを入れ、さらに1/3煮詰まったら、

生クリームを入れる。

→

ひと煮立ちしたら、

バターを加えよくまぜる。

→

とろみがついたら火をとめる。

→

お皿にお肉を盛りつけてソースをかけて完成！

パン・製菓担当
戸蒔 菜摘さん

ファミーユの
デザートと焼き菓子。

桃のタルト

ほどよい甘さのタルトに福島産のみずみずしい桃をのせて。

★材料　タルト（約2台分の材料）　桃…適量

―― パート・シュクレ ――
無塩バター…100g
グラニュー糖…100g
卵…1個（約60g）
薄力粉…250g

―― クレーム・ダマンド ――
無塩バター…100g
粉糖…150g
全卵…130g
アーモンドプードル…150g

―― クレーム・ディプロマット ――
クレーム・パティシエール
牛乳…250ml
卵黄…2個分
グラニュー糖…50g
薄力粉…20g
板ゼラチン…1/4板
バニラオイル…少々

クレーム・シャンティ（9分立て）
生クリーム35…80ml
生クリーム47…120ml
グラニュー糖…30g
バニラオイル…少々

★タルト台を作る
①パート・シュクレを型に敷き170℃で15分
　空焼きする。
②冷めたらクレーム・ダマンドを敷き詰め、
　170℃で30分焼き、冷ます。

★クレーム・ディプロマットを作る
①完全に冷ましたクレーム・パティシエール
　をよく練り、同分量のクレーム・シャンティを
　2〜3回に分けて加える。

★組み立てる
①タルト台にクレーム・ディプロマットをしぼり、
　スライスした桃をのせる。

ブルターニュ風クレープ

小麦とバターの香りを楽しむシンプルなデザート。

＊材料(約5枚分)
小麦粉…125g
全卵…1個分
牛乳…250㎖
無塩バター(溶かす)…13g
グラニュー糖…25g
バニラオイル…少々
塩…1つまみ
粉糖…少々
ミント…お好みで

①ボウルに、牛乳、全卵、砂糖、ひとつまみの塩を入れて、よく混ぜる。
②ここに、ふるった小麦粉を混ぜ合わせ、なめらかな生地にする。
③最後に溶かしバターを混ぜ込んで、生地の出来上がり。※生地は30分以上休ませる。
④フライパンにサラダ油をひき、火にかける。フライパンが熱くなってきたら、余分な油は拭き取る。
⑤200℃のフライパンにクレープ生地を薄く流す。
⑥生地がきつね色になったら、裏返しバターを塗りグラニュー糖を全体にふりかける。
⑦生地を2つ折りにして、扇型に折りお皿に盛りつける。
⑧粉糖をふりかけ、お好みでちぎったミントなどをトッピングして出来上がり。

クレームブリュレ

飴状に焼いた砂糖の表面をパリンと割ると、
なめらかな卵のクリーム。
くちのなかで幸せが広がります。

＊材料
牛乳…165ml
生クリーム47…500ml
バニラビーンズ…さやの1/4

グラニュー糖…90g
卵黄…7個分

バニラビーンズをそぎとり、

生クリームに加える。

卵黄にグラニュー糖を加え、白っぽくなるまでまぜる。

生クリームを火にかける。

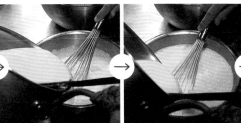

80℃くらいで火からおろし、卵に少しずつまぜながら加えていく。

氷を張ったボウルに器を置いて、
こし器でこして、粗熱をとって冷蔵庫へ。

冷めたら、浅めの器に生地を流して、オーブン（150℃くらいで20分）で焼く。
※器の大きさや形、生地の量によって焼き時間は多少変わります。

グラニュー糖をたっぷり。

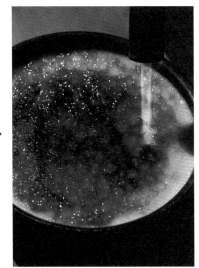

平らにならしてバーナーで焦がして、できあがり！

ガレット・ブルトンヌ

ガレット・ブルトンヌはフランスブルターニュ地方の焼き菓子。
アーモンドプードルとバターが香る、ほんのり甘いサクサク食感の生地に
ほんの少しゲランドの塩を。

生地づくり。

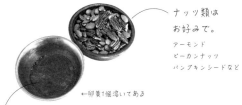

ナッツ類は
お好みで。
アーモンド
ピーカンナッツ
パンプキンシードなど

←卵黄1個溶いてある

焼く前に塗る。
エスプレッソ1ショット＋卵黄…1個分
※エスプレッソの替わりにインスタントコーヒーを
　濃いめに溶いたものでもOK。

★材料
発酵バター…450g
粉糖…180g
ゲランドの塩…7g
卵黄…3個
┌アーモンドプードル…75g
│薄力粉…380g
└ベーキングパウダー…3g

←フランス産
　ゲランドの粗塩。

バターをクリーム状になるまでミキシング。

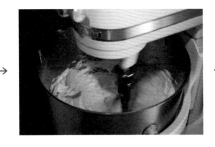

粉糖を加える。

白っぽくふんわりするまでよくまぜる。

卵黄を3回くらいに分けて少しずつ加える。

アーモンドプードル・薄力粉・ベーキングパウダー・塩を加えて、

かるくミキシング。

バットに移す。

ラップをして、冷蔵庫で1時間休ませる。

1時間後…。生地を4当分にして、

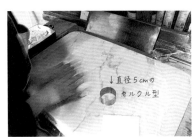

↓直径5cmの
セルクル型

直径5cmの棒状に成形する。

ラップに包んで一晩冷蔵庫へ。

次ページへ。

ガレット・ブルトンヌのつづき。

オーブンで焼く。

1個約40gに切り分ける。

天板にならべる。

エスプレッソ液をハケで塗る。

フォークで模様をつける。

お好みのナッツをのせて。

直径5cmのセルクル型をはめる。

170℃で25分。

140℃に下げて16分。

オーブンから取り出して
セルクル型を抜いて
さましたら完成。

ヌガーグラッセ

はちみつメレンゲと生クリーム、プラリネを合わせた、
口当たりがやわらかなアイスケーキ。
キャラメルが溶け出した香ばしさと、
優しい甘さに、しばし思考が止まります。

＊材料
はちみつ…80g
卵白…80個分
生クリーム…200ml

水…30ml
グラニュー糖…40g
ナッツ類…40g
※ナッツ類はローストしておく。

アーモンド、ピーカンナッツ、
パンプキンシード

プラリネ(ナッツ類のキャラメリゼ)

グラニュー糖に水を加える。

沸騰して少し色がついてきたら、

ナッツ類を加える。

焦げないように気をつけてキャラメル色になるまで煮詰める。

素早くシートの上に移す。

イタリアンメレンゲ

はちみつを110℃位まで温める。

ミキサーにかけた卵白に温めたはちみつを加えてミキシング。

生クリームの8分立て

生クリームをミキサーにかけて8分立てのクリームを作る。

次ページへ。

イタリアンメレンゲと生クリームをあわせる。

イタリアンメレンゲに8分立てのクリームを3回に分けて加え、まぜあわせる。

プラリネを細かく刻む。

カッチカチ

ザクザク

プラリネを細かく刻む。

クリームにプラリネを加え、よくまぜる。

ココットやバットに移して冷凍庫へ。

盛りつけ。

お好みでベリーやクランブル、パイ生地を焼いたものをのせてできあがり！

ブラン・マンジェ

blanc-manger ブラン・マンジェはフランス語で「白い食べ物」という意味。
簡単にできて、とっても美味しいデザートは食後にぴったりです。

＊材料（カップ6個分）
牛乳…500ml
生クリーム…250ml
グラニュー糖…25g
アガー…7g
アーモンドシロップ…大さじ 1/2

※ ファミーユでは簡単にできるよう、
　ローストしたアーモンドのシロップを
　使用しています。

①牛乳と生クリームを鍋に入れて火にかける。

②アガーと砂糖をボウルに入れてよく混ぜ、
　鍋のなかに少しずつ、かき混ぜながら加える。

③軽く沸騰したら火を止めて、アーモンドシロップを加えて混ぜ、
　器に流し冷蔵庫に一時間以上入れて冷やし固める。

④お好みのベリーやジャムなどを盛りつけて完成。

Special Thanks

イラストレーター

ヤマモトダイゴさん

https://yamamotodaigo.com

高知の絵描きヤマモトダイゴです。

ファミーユの絵を長年描いてきました。
おじさんをよく描きましたが僕もすっかりおじさんになってきたのが
なんだか面白いです。

えんぴつでゆっくりゆっくり描く線はすこし震えて曲がります。
シンプルでゆるやか、ちょっとうれしい絵を毎日探しています。

撮影おわりの。

ファミーユのリヨンサラダ〝パテの仕込み風景〟を夕方にお邪魔して別撮り。
終わってみれば夜のファミーユ。やさしい明かりに包まれた心地いい雰囲気。

思い返せば撮影が始まったのは2020年の1月…。
この間色々あり、中断しながらもコツコツと撮影をさせていただきました。
忙しく大変な状況のなか、お付き合いいただいた奥澤オーナー、スタッフの皆さまに感謝！

このレシピを見ながら自分でも作ってみましたが、本当に美味しく出来ました。
皆さんも、お家時間に作ってみてください。
もちろん、ファミーユに足を運んでくださいね。

それでは。

ア　ビアント♪

café la famille

カフェ・ラ・ファミーユのレシピ

recipe

取材協力／café la famille 奥澤 裕之
〒307-0001 茨城県結城市結城911-4
TEL.0296-21-3559
http://www.cafelafamille.com

イラスト／ヤマモトダイゴ
https://yamamotodaigo.com

取材・編集・発行／graphic hand's 半田 明宏
stickertunes.com

〒321-0975 栃木県宇都宮市関堀町975-23
TEL.028-622-0131
定価1,760円(本体1,600円＋税)
2021年6月10日発行 第1版

取次店
株式会社　地方・小出版流通センター
http://neil.chips.jp/chihosho
メール chihosho@mxj.mesh.ne.jp